오래 살아 미안하다

오래 살아 미안하다

진영학 시집

● 序文

한 번 떠나가면
다시 올 수 없는 길
아버지는 무엇이 그리 급하셨는지
지금의 내 나이에 양지바른 산중턱으로 떠나셨고
어머니는 초승달 글방 서재 건넌방에 둥지 틀고 계신다

삶이란 참으로 야속하기만 한 듯하다
건강하시리라 생각했던 당신도
면역세포가 제 몸 공격하여 숨통 조여드는 류머티즘에
황혼길 병원을 들락날락하고 계시니
자식으로서 마음이 편치만은 않다

한글 해득만 하면 읽어볼 수 있도록 쉽게 써내린 글은
어머니를 모시고 살아오면서 겪는 천륜에 대한 일상과
아버지에 대한 그리움, 부모님을 섬기는 효(孝)와 애틋한
내리사랑에 대해 쓴 것을 묶어 일곱 번째 시집으로
독자들께 내놓는다

2024년 5월
서정동 점촌 초승달 글방에서
저자 **진 영 학**

제1부
아가페 사랑

● 序文

글공부 __ 13

자식 사랑 __ 14

모정(母情) 1 __ 15

아가페 1 __ 16

우리 엄마 __ 17

무한사랑 1 __ 18

반려견 사랑 __ 19

어머니의 행복 __ 20

설거지 __ 21

부모님의 사랑 __ 22

아가페 2 __ 23

아버지의 자리 __ 24

부정(父情) __ 25

아버지의 사랑 1 __ 26

아버지의 사랑 2 __ 27

책가방 __ 28

애틋한 마음 __ 29

야속한 세월 __ 30

무한사랑 2 __ 31

훈육 __ 32

어머니 사랑 1 __ 33

어머니 사랑 2 __ 34

어머니의 사랑은 __ 35

모정 2 __ 36

제2부

효(孝)

아가페 3 _ 39

어머니 1 _ 40

코로나 19 _ 41

간식 1 _ 42

홍시 1 _ 43

간식 2 _ 44

곶감 _ 45

나의 바람 _ 46

노모 _ 47

COMPOSE 커피숍에서 _ 48

어머니의 감옥 _ 49

모닥불 _ 50

살구 _ 51

환절기 _ 52

여명의 아침 _ 53

불효를 아니 하기 위해서는 _ 54

부모님 전 상서 _ 55

자식의 도리 _ 56

작은 행복 _ 57

고향 _ 58

전화 한 통화 _ 59

효(孝) _ 60

효도 _ 61

효심(孝心) _ 62

후회막급 _ 63

살아생전 잘 모셔라 _ 64

제3부

그리움이 묻어나는 삶

아~, 어머니 _ 67
어머니 2 _ 68
어머니의 외출 _ 69
모정 3 _ 70
봄맞이 _ 71
낙엽 지는 살구나무만
반추하는 것이 아니다 _ 72
기도 1 _ 73
기도 2 _ 74
자식의 마음 _ 75
넋두리 _ 76
촛불 _ 77
도시락 _ 78
그리움 _ 79
인생 여정 _ 80
천명(天命) _ 81

재봉틀 _ 82
기상청 예보 _ 83
갈무리 _ 84
제비꽃 _ 85
그리운 아버지 _ 86
나뭇짐 지게 _ 87
아버지 _ 88
아버지의 도강 _ 89
고인을 기리며 _ 90
성묘 _ 91
살구나무 _ 92

제4부
오래 살아 미안하다

행복 다독이는 아침 __ 95
나의 집 아침 풍경 __ 96
기도 3 __ 97
청소 1 __ 98
질투 __ 99
대화 __ 100
류머티즘 __ 101
불면증 __ 102
손맛 1 __ 103
손맛 2 __ 104
어머니 3 __ 105
동동주 __ 106
장독대 __ 107
어떻게 할까요 __ 108
신체발부 수지부모 __ 109
홍시 2 __ 110

오래 살아 미안하다 1 __ 111
오래 살아 미안하다 2 __ 112
오래 살아 미안하다 3 __ 113
어머니 속내 __ 114
진수성찬 __ 115
어머니 4 __ 116
기일 __ 117
개미지옥 __ 118

제5부
내리사랑

출근길 ＿ 121
당신, 참 좋다 ＿ 122
누구를 위해 짊어진 십자가인가 ＿ 123
근심 ＿ 124
청소 2 ＿ 125
내리사랑 ＿ 126
할미꽃 ＿ 127
오해 ＿ 128
심장 소리 ＿ 129
아가페 사랑 ＿ 130
동정(同情) ＿ 131
첫발 ＿ 132
보고 싶은 손주 ＿ 133
오늘 ＿ 134
천년 손님 1 ＿ 135
미끄럼틀 ＿ 136
천년 손님 2 ＿ 137
손자 윤오에게 ＿ 138
백설기 ＿ 139
손주 1 ＿ 140
손주 2 ＿ 141
손주 3 ＿ 142
무릎베개 ＿ 143

제1부
아가페 사랑

글공부

어머니가 가르쳐 주신
가갸 거겨 고교 구규 그기

마을회관 야학당 밤 밝힌
한글 깨우친 소리

부지깽이 분필 삼아
칠판이 된 부엌 바닥

동화책 읽어주며
가슴으로 품는 대물림 사랑

자식 사랑

우유를 들고 오신 어머니
뼈와 가죽만 남아 안쓰럽다

나는 가져오지 말라며
당신의 건강 챙기시라 했는데

오늘도 기억이 사라졌나
또 문 열고 와 놓고 나간다

우유가 당신 몸에 필요하거늘
왜 저렇게 날 집착하시는지

모정(母情) 1

술 한잔 마시며
덕담 듣고 있는 나에게
핸드폰이 화내듯 울리고 있다

노가다 작가의 이야기가
내 삶에 다가와 울림 주고 있어
전화 받을 수 없었다

님의 말이 끝나고
무슨 급한 일인가 싶어
폰 번호 확인하고 재발신 누른다

문밖에 함박눈이 내리고 있는 것을 본 님
내 안부 걱정부터 하고
말이 끝나지 않았는데 폰을 끊었다

눈 내리니 자전거 타고 오지 말라는 근심
평생 조심하며 살아온 나인데
다칠까 봐 노심초사하는 모정
아직도 내가 어린아이로 생각되나 보다

아가페 1

땅거미 밀려오면
어머니는
현관문 소리에 귀 기울입니다

사랑하는
사랑들이 무탈하길
온종일 손 모으셨나 봐요

오늘은
침침한 눈도 함께 하려는지
방문 닫지 않고 기다리십니다

우리 엄마

머나먼 길 가면서도
나만 바라보시려나

밥상머리에서
한시도 눈 떼지 못하는 어머니

아내 보기 미안해서
눈치 드려도 소용없다

내 바라기로 살아오신
우리 엄마

무한사랑 1

여명을 밝히며
씨앗 뿌리신 어머니

집 떠나간
씨앗 걱정에 근심이 크다

씨앗이 행복하길 바라는
어머니의 소망

반려견 사랑

콧등 주변 흰 눈 내린 반려견
기력 잃어 가엽고 불쌍한 맘 드는지
밥그릇 사료에 우유 부어주는 어머니

동물병원에서 듬성듬성 남겨놓은 치아
단단한 사료가 이 사이로 빠져 다녀
먹지 못하는 애처로움

몽땅 이를 빼고 틀니 끼운 어머니
그 심정 누구보다 잘 알고 있는지
우유로 불려 먹을 수 있게 해주었다

보기에 딱했는지 살아야 한다고
코끝 자극하는 햄 슬쩍 넣어주고
목덜미 쓰다듬어 주고 있다

어머니의 행복

식탁에는 님의 정성
끼니마다 펼쳐집니다

하루 세끼 1년 365일
거른 적 없는 고단한 삶

맛있게 먹는 것만 봐도
기뻐하시는 당신

힘들다 내색 없이
사랑을 채워주는 모정

설거지

싱크대 개숫물 통
수행하듯 탑 쌓아 올린
깨끗해진 그릇

가족 건강 기원하는
어머니 사랑의 손길

부모님의 사랑

봄 꽃동산에
다가서신 부모라도
서리 내린 자식이
걱정스러운가 보다

당신 마음이
날다람쥐처럼
들락날락하면서도
귀 딱지 채워주는 주문

근심 삭이느라
까맣게 숯이 되었을 가슴
다 타고나면
졸아든 몸에 무엇이 남을까

아가페 2

어머니의 마음엔
언제나
텃밭이 일구어져 있나 봐요

자식들 사랑하는 마음이
정성 들여 텃밭 작물 키워놓고
이제나저제나 기다리지요

집 떠난 자식들이
그 마음 알아주지 않더라도
남은 기력 모두 모아
바리바리 사랑 전해줍니다

아버지의 자리

짚을 틀어 만든 지게끈
아버지 어깨 무겁게 누른다

지게 위에 얹혀 있는
사랑하는 가족 행복 무게

아무리 버거워도
이겨내지 못할 이유가 없다

등이 굽어가도 내려놓지 않은
당신의 가족사랑

부정(父情)

아버지가 사주신
까만 가죽 가방

학창시절 호연지기
못 키울 꿈 없었다

그 시절 가르치신
아버지 무언 훈육

아버지의 사랑 1

아버지는 말하지 않고
껌뻑이신 두 눈

우리들 바라보며
눈빛으로 사랑 주셨다

말이 없어도
사랑 많으셨던 아버지

아버지의 사랑 2

외양간 누렁소
반려우로 살던 시절

땀난 등 어루만지며
토닥여주던 지난날

물 주전자 손에 들고
새참 내오시는 엄마

어서 가서 받아오라고
말씀하시던 아버지

그 시절 뒤돌아보니
크나큰 사랑이었다

책가방

아버지가 사다 주신
커다란 가죽 가방

등하굣길 무겁지만
새털 같던 어린 시절

공부하란 말씀 없이
묵언 수행 사셨는데

먹고사는 근심 없게
푸르른 가르침이었나

애틋한 마음

빨랫줄에 걸어놓은
북어처럼 꽁꽁 언 옷

오늘 아침 세탁하여
널어놓은 옷가지

저녁 장사 입고 갈
아버지 따스한 내의

작은 고드름 맺힌
어머니 털실 옷

냉동고 북극 한파 특보
온기 나눴으면 좋겠다

야속한 세월

나뭇잎 어머니
밤마다 들려오는 기침 소리
가슴이 따갑습니다

청춘 시절엔
꿈도 키우며
행복의 탑 올리셨는데

흘러가는 세월
어머니 몸 붙잡고
근심 키워줍니다

무한사랑 2

내 살 녹여 주어도
아깝지 않다는 님

살아생전 다 주어도
못다 전해준 부족함

한평생 퍼주고도
줄 것 없나 찾으시니

죽는 날까지 근심 걱정
빠져 사실 텐데 어이할꼬

훈육

내 어릴 적 들었던
부모님 말씀
귓가에 맴돌다
허공으로 날아가고

아버지에
그 아버지
어머니에
그 어머니가 일깨워 준
진리의 말
자식들
잘돼라 하신 말씀

아버지에
그 아버지
어머니에
그 어머니의 가르침에
성장하는 피붙이

어머니 사랑 1

먹을 것이 많아 불러온 배
꺼지려면 한나절 지나야 한다

보릿고개 넘던 예전엔
움직이지 마라 배 꺼진다
걱정하시던 어머니

등가죽에 붙어 있는 기력
꺼질 배조차 없이 쇠잔한데

속이 꽉 찬 어머니 마음
그 시절 잊지 못하고
자식 배곯을까 걱정하신다

어머니 사랑 2

퉁퉁 부은 발 주무르며
어머니 눈에 고인 핏빛 이슬
님의 잘못인 양 가슴 아파한다

죽는 날까지
진자리 마른자리 챙기시는
어머니의 끝없는 사랑

어머니의 사랑은

외양간 누렁소 밤새 산통 겪더니
어둠이 밝아오는 여명을 밝혔다

어미 닮은 작은 태양은
비실비실 세상 세우려 안간힘 쓰고

말린 건초 진수성찬 한상 받고
퉁퉁 불은 젖 먹이는 어미 누렁소

짚북데기 위로 송아지가 쓰러지면
빠질 것 같은 왕방울 눈 껌벅인다

어머니의 몸에서 떨어졌을 때 나나
외양간 송아지가 받는 사랑은 같구나

모정 2

아기가 울며
도움을 청합니다

세상일이 급해도
곁을 주는 엄마

콧속 채우는 냄새
사타구니며 볼기짝
닦아주며 웃는다

안 예쁜 것이 없는
엄마의 모정

제2부

효(孝)

아가페 3

한 지붕 아래
어머니와 함께 살지요

당신 몸 하나
건사하기 어려운
늙으신 어머니
흰서리 내리는 자식에
몸 건강 주문합니다

만수무강 바라는
내 마음보다
더 큰 모정 베풀다
온몸이 녹아내려
뼈 가죽만 남은 걸까

100세 인생 시대
소풍 끝내지 말라고
잠자리 살펴드립니다

어머니 1

이 세상
당신이 나누어 주셨지요

산수연이 한참 지났는데
아직도 자식들 근심 걱정
가슴에 매달고 사시는군요

내 인생의 기둥
천수 다하시길
지극정성 다 하렵니다

코로나 19

온 세상
발칵 뒤집어놓은 전쟁터
어머니와 손잡고 다녀왔습니다

지난밤
공포를 불러일으킨 바이러스실
다녀올 생각에 잠 못 이루었지요

목숨도 중요하지만
아프지 않게 사는 삶 택한 후
완전무장하고 전쟁을 치렀습니다

간식 1

홍시를 땁니다
매미채 끝 내 마음
손끝으로 전해옵니다

얼굴이 붉어질수록
고민한 연민
몇 알 남겨두었지요

오늘 밤
따놓은 한 알
이가 없으신 어머니
허기 채워 드립니다

홍시 1

님이 심어 놓은 감나무 한 그루
매미채 들고 따 보니 알게 된 사랑

"내일 지구의 종말이 온다고 할지라도
나는 오늘 한 그루의 사과나무를 심겠다"

스피노자의 명언 가슴에 담고
숟가락으로 떠드리는 내 맘 한 조각

간식 2

오늘도 어머니는
오래 살아 미안하다 하신다

그 말 듣고 싶지 않아
귀 막고 외면했는데

병약해져 가는 마음이
당신 생각 움직였나 보다

쓰디쓴 속내 다스리시라고
잘 익은 홍시 놓고 나왔다

곶감

단풍이 물들어가면
곶감의 꿈 키우며 커온 감 딴다

아직은 청춘이 익지 않은 감
실한 것 골라 마음 가득 담았다

부드러운 속살 드러내는
두꺼운 가죽 벗긴 붉은 감

봄부터 뿌리서 보내온 영양분에
살찌운 몸 가볍게 만들어 걸었다

깊은 겨울에 입이 심심한 어머니
허기 달래주는 효목 대봉감나무

배 아파 낳은 자식 보다
어쩌면 효심이 더 깊은 것 같다

나의 바람

뜰에서 올려다 본 감나무에
홍시 그렸더니
그 속에 어머니가 보이네요

한 알 매미채로 따서
어머니 가슴에 달아드렸습니다
오래 우리 곁에 계시라고

노모

님의 거친 숨소리가
문틈 열고 나옵니다

살아온 날들이 힘들었나
가끔 큰 숨도 쉬네요

아랫목 온기 살피고
살며시 방문 닫았습니다

COMPOSE 커피숍에서

COMPOSE 커피 평택점에서
커피를 마신다
코끝 자극하는 커피 향
입안에 침이 고이는 걸 보니
맛보지 않을 수 없다
창밖엔 겨울비가 내린다
길 건너 가장 맛있는 뒷고기
눈에 들어오는 간판
벌써 점심때가 되었구나
집에는 때 놓치면 안 되는 어머니
시계 확인하고 계실 것이다
뜨거운 열기가 식지 않은 커피
들어올 때부터 다리 떠는 숙녀
앞 테이블에서 일으키는 바람에
뜨거움 식힐 수 있을까
호호 불어가며 마시는 커피
입으로 들어가는지
코로 들어가는지 심란한 내 마음
우산 쓰고 온 길 다시 우산 쓰고
밥 챙겨 드리러 가야 할 듯하다

어머니의 감옥

눈 쌓인 향나무 옆 장독대
목석처럼 서 있는데
심술 난 돌풍 나무에 불어와
트위스트 춤에 쌓인 눈 떨긴다

눈 폭탄에 멋쩍은 듯
올려다 보는 나에게
미안하다는 듯 두 팔 흔들고
백설기 시루떡처럼
울안에 쌓여가는 함박눈

늙으신 어머니 죄인처럼 가두고
방고래만 지키게 하려는지
쉬지 않고 하루 종일 내리는 눈

오늘 밤 어머니 심심하지 않게
장독대 눈 쌓인 장독 열고
잘 익은 홍시 꺼내드려야겠다

모닥불

마당에 피워놓은 불
모두 타거들랑
잔불 속에
고구마 넣어주오

밤잠 잊은 어머니
옛 추억 기억하게

살구

비바람이 일으킨 생채기에
잘 익은 내 마음이 떨어진다

길섶에 널브러진 아쉬움
살구나무 가지처럼 씁쓸하다

입맛 다시며 침 삼키는
창문 밖 바라보시는 어머니

오늘 안으로 시장에 가서
노란 기쁨 안겨드려야겠구나

환절기

계절을 끌고 가는 수레에
늙으신 어머님이
나뭇잎처럼 매달려 있습니다

생을 반추하며 살아온 세월
몸으로 터득해 온 이야기는
그 고개가 힘겨웠나 봅니다

일찍 죽고 싶다는 어머니 말씀
불효자가 되더라도
그 시기 무탈하길 기원합니다

여명의 아침

철없는 물줄기가
쏟아지는 새벽녘

가슴앓이 어머니
가슴팍에 내려앉은 구름

천둥번개
온 방 안에 치는데

약 한 봉지 될 수 없는
무능한 자식

시커멓게 타들어 가는
이 가슴 어이할꼬

불효를 아니 하기 위해서는

뉴스를 보던 어머니가 혀끝 차신다

『일제강점기와 6.25전쟁
보릿고개 겪은 나도
아직 멀쩡하게 살아 있는데
배부른 세상 사는 게 뭐가 그리 어렵다고
하나밖에 없는 목숨 헌신짝처럼 버리누』

독백처럼 뱉은 말씀에
가슴이 피멍 들지 않게
어머니보다 오래 살아야겠다

부모님 전 상서

한 번쯤 써 본
부모님께 보내드리는 편지

써 보지 않으면
그 마음 느낄 수 없다

누가 가르쳐 주지 않아도
효심이 생기는 마법 같은 일

자식의 도리

베개 머리맡에 손 넣어보고
홀로 계신 노모 건강 챙겨드린다

어머니 주무실 적
방바닥 손 넣어보며 숨소리 살피고

어린아이 돼 가시는 아픔 모로 새기며
남몰래 할 수밖에 없는 속앓이

내 마음이 아파와도
2층 방 오래 지켜주시길 바라본다

작은 행복

울안 감이
홍시로 익어가거든
장대 끝에 매미채 달아주오

기력 잃은 어머니
틀니 없이도
자식이 섬기는 행복 맛보게

고향

어머니가 빌어주며 닳아 없어진 손금
떠올리는 유년의 뜰에도 그리움이 있다

동무들과 뛰어놀던 넓은 들 작은 안산은
추억어린 터로 남아 빛을 잃어가고 있다

강을 건너는 분들이 하나둘 늘어나
텅 빌 것만 같이 되어가고 있는 곳

찬바람 부는 날씨에 고향집 안방에선
문틈 새 바람에 잔기침하시지나 않을지

전화 한 통화

낙엽 떨군 나무
텅 빈 가지에
불어오는 찬바람

바람막이 없어
온몸으로
삭풍을 맞는 겨울

고향집
늙으신 님이
보고 싶은 외로움

말소리 들으시면
유무선 눌러
그리움 풀어드리자

효(孝)

효자 효부는
세상이 바뀐다 해도
부모의 가르침에 만들어진다

잘 섬기고 모시는 일
얼굴을 맞대보지 않으면 모르는
인간으로 해야 할 도리

핵가족 현대사회선 헛소리라지만
누구에게서 왔나 깨달으면 알게 되는
효가 백행의 근거 만덕의 근본

효도

상다리 부러지게
준비한 차림 상
님은 오지 않고
영정 속 당신만
웃고 계십니다

살아생전
받은 사랑 갚으려고
잘해드린다 했는데도
못해 드린 것만 생각 드니
칠순 팔순 넘어서도
부모님 앞에선
재롱떨어야 하나요

효심(孝心)

파뿌리 자식이
어머니 흐린 눈엔
어려 보이나 보다

외출할 때마다
근심 어린 마음에
안전 걱정하시니

수수깡처럼 마른 가슴
까맣게 타버리지 않게
말 잘 들어야겠다

후회막급

죽을병 걸렸다는
어머니의 말씀 한마디

날마다 공양한 내 마음
잘못 모신 것 같아 가슴 아프다

의료시설이 잘된
요양병원이 더 나았을걸

살아생전 잘 모셔라

네 곁에
부모님 계시거든
피죽 한 끼라도
정성 들여 끓이거라

기일에 차린
산해진미 진수성찬
영정 사진 속 님은
배 두드릴 수 없단다

제3부

그리움이 묻어나는 삶

아~, 어머니

하늘이 밝게 웃는 날
양지바른 뜨락에 앉아
물 올리는 목련꽃 바라본다

지난겨울 또 넘기고
오래 살아서 미안하다고
맘에도 없는 말 내뱉는 어머니

흰 가운 만나 꼭 할 말 있다면서
자식 가슴이 멍드는 것 알 텐데
정떨어지는 말 왜 하는 걸까

매일같이 듣더라도
멀리 떠난 영혼만 아니면
피멍 든 마음 풀어질 것 같다

어머니 2

눈 감으면 보이고
눈 뜨면 보이지 않는다

보고 싶은
젊은 날 그리운 얼굴

어머니의 외출

세상살이가 궁금하신 어머니
장날이면 시나브로 장마당 가신다

슈퍼마켓 대형 마트가 있어도
장거리 구경하며 다니시는 당신

어린 시절 손잡고 다니셨던 시장
그 시절 추억이 그리웠나 보다

모정 3

이른 봄날 하늘 태양 늦은 잠에 빠지던 날
안방 바닥 펼쳐놓고 시침질한 목화이불
시집가는 큰딸아이 낭군님 전 살펴주니
늦은 밤 갠 하늘 달빛 문틈을 엿봅니다

님 찾아간 우리 아가 인생이란 덧없으니
건강할 때 아껴주고 무한 서로 사랑하라
인생길에 맺은 인연 만인 앞에 고지 약속
어쨌거나 저쨌거나 행복하게 잘 살거라

봄맞이

천명이 다가오는 고목나무에
실핏줄 타고 물오르는 봄
숨이 벅찬 어머니 기대서 있다

푸른 산하 그리며
봄맞이 할 수 있어 좋다고
이 생명 다할 때까지
등 기대어 주면 좋겠다고

낙엽 지는 살구나무만 반추하는 것이 아니다

2층 살이 하던 살구나무 잎이 떨어진다
몸통이 삭아 가슴이 텅 빈 껍데기로 살아온 나무
삶의 애착이 끓어 가지마다 피운 눈꽃송이
노란 열매 맺는 일 잊지 않고 어머니 불러냈다
틀니로도 맛볼 수 있는 살구
보릿고개 시절부터 즐겨 먹었던 간식
몇 알 달리지 않았는데
어머니는 호주머니 불룩하게 채웠다
찬바람이 분다
굳게 닫힌 2층 창문 봄날 열고
하얀 꽃 살피며 반추하는 생의 모습 보고 싶다

기도 1

깊은 밤
건넌방 침실
기침 소리 요란합니다

세월이
어머니 가슴
숨길 막아서네요

매일 밤
귀 기울이는 이 맘
무사 기도 드립니다

기도 2

요양원 님 뵙고 돌아와 되뇌니
세상을 흔들 것 같던 당신
세월의 무게가 무거웠나 봅니다

시곗바늘 가리키는 짧은 만남에
그리움이 온몸 감싼 눈망울 보고
떠나오는 내 가슴도 찢기었습니다

되돌아올 수 없는 늦가을 인생
남은 기력 살아나길 기원하며
님을 위해 두 손 모읍니다

님이 살아 계시는 날까진
님이여
아프지 않게 해 주소서

자식의 마음

조금만 움직여도
시들어가는 꽃처럼
힘겨워하시는
어머니가 내쉬는 숨소리
내 마음속엔 폭풍우가 인다

한때는 이 가정
이끌어 오신 주부 가장
농사일까지도
도맡아 하시었던 당신
살구나무 속심 썩듯
가슴이 상해 들어가는 것을
그때는 몰랐었나
회한이 서려 눈물이 난다

이제 와서 후회한들
무슨 소용이 있으랴
푸른 시절 청춘의 삶
돌아갈 수 없는 당신
남아있는 세월만이라도
힘겹지 않고 편안하게
사셨으면 하는 바램이다

넋두리

오늘 밤도 어머니는
세상을 힘겹게 들이마신다

무겁게 가라앉는 어둠이
밝게 살아온 님의 세월
문밖으로 내보내고
허파꽈리로 부는 피리 소리

꽃이 피고 지고
봄날은 야단법석인데
쉰 김치처럼 골마지 낀
무르익은 삶

살아온 인생
새로 담글 수만 있다면
얼마나 좋을까

촛불

불이 켜져 있습니다
어두움 밝히려고
제 몸 소신공양합니다

어머니는 지난날
자손들 행복 찾아
불 밝히셨지요

그 마음 갚으려 하나
너무 멀리
세월이 흘렀습니다

님이여
내 가슴에 빛을 주오

꺼져가는 빛 살릴 수 있는
생명의 빛 주소서

도시락

소풍 가는 날
어머니가 싸준 김밥

시장에서 사 먹으면
그 맛 느낄 수 없다

정성이 가득 담긴
어머니의 손맛

그리움

철부지 어린 시절
아궁이 부지깽이

잘돼라 가르치신
그을음 어머니 손

깨우친 가마솥 철학
누구에게 배우나

인생 여정

산전수전 다 겪은
골마지 낀 인생

익어가는 삶에도
가을이 깊어간다

봄을 기다리는
어머니의 여정

천명(天命)

땅바닥에 떨어뜨린 감
주워 모으시는 어머니
나뭇가지 올려 보며
굳은 껍질 벗겨준다

나이테가
많이 둘러쳐졌다고
사는 것이 고달퍼도
타고난 수명은 채우자고

재봉틀

나 어린 시절
손바느질 하시던 어머니
신천지 열어준 물품

해어진 엄마 옷
구멍 난 내 사타구니
속 보일 근심이 없어졌다.

시나브로
친구처럼 지내시던
엄니의 재산목록 1호

기상청 예보

날씨가 흐려지면
어머니 방에서 일기예보가 흘러나온다

비가 올 때쯤이면
거르지 않는 기상 뉴스 전달하는 소리

남쪽 땅 양지바른 곳에 계신 아버지
어머니의 목소리 귀담아듣고 계실까

사랑했던 그리운 님 목소리에
눈물 흘리지 않았으면 좋겠다

갈무리

고향 땅 지키시며
흙만 파신 아버지
예쁜 꽃 안겨드린 날
기쁨에 겨운 듯
나를 바라보며
행복해하시던 모습

초저녁 불 꺼진 방
문틈으로 새는 숨소리
귀 기울여 듣던 날
가슴이 답답하시다며
내 손가락에 반지 끼워주신
그리운 아버지

제비꽃

술을 마시며
안주 삼아 접시 위에 올린다

보고 싶은 마음에
눈시울 뜨겁게 만드신 당신
아버지라는 무게가 겨워 등이 굽었다

파 뿌리 품에서 자라난 병아리들
땀 냄새에 젖은 지난날
고개 돌린 외면에도 볼 비비시던 사랑

산기슭에서
외로이 피어있는 제비꽃처럼
그리워하고 계실 아버지

그리운 아버지

매미가 목청 돋우는 여름이면
원두막에서 주무셨던 아버지
보름달이 뜨면 생각난다

달덩이처럼 수박이 익어갈 때면
밤마다 원두막으로 나가신 당신
밤이 무서워 엄마 품에 잠든 날들

눈 비비며 아침밥 먹고 나면
어김없이 나오던 빨간 간식
산기슭 자리하신 후 맛볼 수가 없다

시나브로 밥상 위에 수박이 오르면
집안을 짊어졌던 강단 있던 모습
할아버지가 된 지금도 생각이 난다

나뭇짐 지게

아버지 따라나서
땔감 나무 하러 간다

나무 괴롭히는
죽은 나무 삭정이
나무도 좋고
추운 집도 데우게 모은다

커다란 아버지 지게엔
태산이 앉아 있고
내가 질 지게엔
까치집이 얹혀 있다

얼른 자라 저 큰 지게
내가 져야겠다

아버지

아버지와 길동무하다
목이 타들어 가면

길가 구멍가게 도가
기울였던 막걸릿잔

귓전에 울려왔던
구성진 노랫소리

지금도 그리워지는
별이 된 그리운 당신

아버지의 도강

양지바른 산언덕
부드럽게 잔디 깔고
깊은 잠 들으셨다

낮잠 즐기시던
세월 두른 아버지

고인을 기리며

고인이 드시라고
차려놓은 진수성찬
무엇이 부족하길래
한 숟가락 뜨지 않았나

살아생전 좋아하시던
과일이며 음식
제사상 다리 부러지도록
준비하였거늘

길이 멀어 다리 아파
못 오시는 것인가
살아생전 님의 이야기로
하얀 밤 써 내립니다

성묘

유년의 강에는
추억이 숨 쉬고 있다

강물에 뛰어놀던 세월은
길어지는 가방끈 따라
떠나간 문명의 바다

날마다
문밖 대문 소리
귀 기울이시던 님
솔나무 아래서 긴 잠 주무신다

그리움에 안기고파
찾아가도 일어날 줄 모르시니
종이컵에 쓴 소주 따르고
나 홀로 독백할 수밖에

살구나무

담벼락에 축 쳐져 기댄 나무
심부가 썩어 표피로 살고 있다

그 몸으로 꽃피고 열매 맺으며
반세기 효도해 온 나무

가슴이 굳어가는 어머니 닮아
밑둥이 텅 빈 삶의 애착

아직도 추운 겨울인데
가지 눈 꽃망울 부풀어 있다

제4부

오래 살아 미안하다

행복 다독이는 아침

꽃들이 시집와
터 잡아 뿌리내리고
옹기종기 모여 사는 울안

지난밤
큰나무가 걸러준 시원한 공기
나눠 마시는 여명의 아침

날마다 창밖 풍경
가슴으로 사진 찍는
2층에 터 잡은 어머니

살아가는 오늘
모두가 즐거운 나의 집
행복 다독이는 아침

나의 집 아침 풍경

동이 터올 무렵 동박새가 문 열고 들어와
허기 채우는 감나무 어머니도 바라보고 있다
오늘이면 홍시로 익어갈 것이라는 것을 알고 있었기에
달아난 아침잠 감나무에 걸어 놓고 잎 사이 살핀다
정답게 아침 즐기는 한 쌍의 새 보며
2층 방으로 올라가신 어머니도 홍시가 그리웠나 보다
새들이 배를 채우고 떠나면 대문 지붕에 올라가
어제 살펴보지 못한 나뭇가지 사이 뒤져 보아야겠다

기도 3

저녁상 물리고
방문 닫으신 어머니
해는 중천 떠올랐는데
식사하러 안 오시네

뜨거웠던 아침 정성
윤기 잃고 식어가도
일어날 줄 모르시네

갈 길이 멀고 멀어
밤새 떠나지 않았을 터
오늘 아침 소풍 길
가자 하시었던 당신

근심 어린 자식 마음
문고리 잡지 못하고
님 찾는 하얀 속내

청소 1

밤마다 쿨럭이는 가슴 아픈 방
창문 두드리던 삭풍
사온(四溫)의 훈훈한 마음 씀에
멋쩍은 듯 종적 감췄다

방구석 휘젓던 먼지
제 세상인 양 망아지처럼 뛰어놀다
어머니 닮은 청소기 든
눈이 어둔 흰머리와 술래잡기 하고 있다

기회 보던 햇살 슬쩍 발 밀고
열린 창으로 넘어와
먼지가 숨은 자리 알려주는데
창문 닫으라는 어머니 말씀

어떻게 하지

질투

어머니는 하늘 바라보며
비 올 것이라 말씀하셨다

습도가 낮은 날씨 맑은 날
아픔 없이 공원 산책하는데

구름이 낮게 드리워지면
뼈마디가 쑤신다 하셨다

구름이 흘러가는 소풍 길
사랑 주며 즐겁게 살고 있지만

온몸 찾아오는 고통이
건강하게 사는 님 샘 부린다

대화

북극 한랭전선과 두어 차례
상견례 한 감나무
님의 마음이
내 가슴 채우고 있다

닳아 없어진 잇몸으로
기쁨 맛볼 수 있는 별미
높이 매단 장대 끝 매미채로
눈부신 태양을 딴다.

맑게 익은 내 마음
님의 접시에 담아드리고
상처 입은 마음
물로 씻고 칼로 도려냈다

나뭇가지에 앉은 새가
노래 지저귀는 모습 살펴보며
님은 귓바퀴 쫑긋 세우고
닫혀있던 마음의 문 슬며시 연다.

류머티즘

살아 있는 몸에 기생하며
삼시 세끼 양분 도둑질하는 병

손발가락 마디로 모자라
가슴속으로 숨어들었다

면역세포가 제 몸 안 지키고
자기 몸 공격하는 교활함

겉으로 드러난 너의 진심
믿어온 내 잘못이 태산 같다

불면증

새벽잠 깨신 어머니
문틈 새는 빛 보셨나 봐요

살그머니 문 열어 보고
걱정이 태산을 넘어갑니다

근심 어린 마음 알지만
잠이 오지 않은 이 밤 어쩌죠

손맛 1

텃밭에서 뽑아 담근
어머니표 열무김치
수북한 밥공기도
순식간에 비워낸다

당신의 손금 안에
요리 비기 숨어 있나
맛없던 적 한 번 없는
정성이 담긴 그 맛

손맛 2

밥상에 끓여 놓은
어머니표 된장국

먹어보지 않고는
그 맛 평할 수 없다

가족 건강 신경 쓴
어머니의 손맛

어머니 3

칼이 춤춘다
부뚜막 도마에서

입가에 미소 머금고
도 닦는 수도자의 삶

밥상머리 하신 말씀
건강 위해 밥 먹으라신다

동동주

어머니가 담가주신
노오란 동동주 한 병

그 맛보면
먹지 않을 사람 없다

대대로 이어져 온
조상님의 전통술

장독대

손발이 닳도록 빈
고향집 장독대

정성이 없었다면
문명 세계도 없다

먼지만 쌓여가는
지난날 어머니 가슴

어떻게 할까요

마트에서 시장 보았다
가족 건강 준비하고
꼬리 흔들어주는 애완견
간식도 기쁘게 샀다
집 앞 도착해 생각하니
노모의 심심풀이 빼놓았네

쪽대문
열어야 하나
말아야 하나

신체발부 수지부모

개는 개일 뿐
반려견이 사람 될 수 없다

"신체발부는 수지 부모라"
사람은 사람 뱃속에서 태어나고
개는 개의 뱃속에서 태어난다

사람이 개가 되고
반려견이 사람처럼 살아가는 현실
사람과 반려견이 함께 살다 보니
반려견 아빠 엄마가 되어 산다

자식이 아프면 병원 가듯
반려견이 아프면 눈물 콧물 짜면서
노부모가 아프다면 병원 가라는 세상

노인보다 대접받는 개판 세상
너는 누구의 배에서 태어났는지
묻고 싶다

홍시 2

하늘 높이 올린 매미채로
한입에 털어 넣은 붉은 감

고추잠자리 채집하듯
그물망으로 안전하게 딴다

가슴 졸이는 늙으신 어머니
입맛 다시게 하는 잘 익은 감

오래 살아 미안하다 1

태양을 닮아가는 감
붉게 익어가는 서리 내린 가을

낙엽처럼 색 바랜 어머니
홍시 받으며 하신 말씀

『죽고 싶어도
 죽어지지 않고
 오래 살아 미안하다』

명심보감 효행편도 읽고
실천하였거늘

님의 속내 알 수 없어
따뜻한 밥상에 정성 다했다

오래 살아 미안하다 2

호전 없이 약만 먹고
15년간 다닌 병원 진료
그놈의 병에 볼모로 잡혀
평생 달고 살아가고 있다

자신 몸 스스로 공격하는
만성 염증성 자가면역질환
온몸 영양분 침탈해 가고
뼈와 가죽만 남긴 31kg

나보다 음식도 잘 드시고
시나브로 간식도 챙겨드리거늘
누가 보면 밥 굶기는 것처럼
오해할 수밖에 없게 마른 몸

세월은 무심하게 흘러만 가고
죽는 날까지 낫지 않는 질병
간식 챙겨간 보람 없게 하신 말
"오래 살아 미안하다"

오래 살아 미안하다 3

나는
님을
만수무강하시라고
빠짐없이 진료시켜 드렸는데

님은
나에게
약 먹기 귀찮다
병원 가기 싫다고 말씀하신다

하루라도 더
이 좋은 세상 구경하시라고
병원 모시고 가는데 님은
죽어지지 않아서 힘들다고 하신다

그래도 병원 갈 날 챙기시며
먼저 앞장서시는 님
진료 받고 병원 나서며 하시는 말씀
"오래 살아 미안하다"

그 말씀이 귓바퀴 도는 순간
내 눈에선 피눈물이 흘러내렸다

어머니 속내

삶이 고단한 어머니의 걸음
부여잡고 놓아주지 않는 가슴
끊어질 듯한 숨길에 쇳소리가 난다

삶에 대한 애증이 가슴에 깊어가고
죽음이란 그림자가 곁에 다가올 때
살고 싶은 욕망이 없다는 것은 거짓

죽고 싶다 하면서도 약 챙기고
병원 가는 날 확인하시는 어머니
약봉지 숫자 헤아리며 달력 살핀다

진수성찬

한 상 가득 잘 차린
생일상 같은 푸짐한 음식

이 없는 어머니는
눈요기만 할 수밖에 없다

자손이 먹는 모습에
행복할 수야 있겠지만

침만 고이고 먹지 못하는
어머니의 서글픔

어머니 4

어린 시절 어머니
큰 산이셨는데
손주와 놀아주니
애기가 된 당신

손주가 귀빠진 날
돌잔치 하신다면
속내 어찌 채우나

기일

온 누리에 코로나19가
검은 그림자 드리웠습니다

걱정이 많았는지
어젯밤 꿈에
님이 다녀가셨습니다

정성 어린 마음으로
술잔 가득 채웠습니다

개미지옥

발을 잘못 들여놓은 것 알면서도
핏줄로 동아 밧줄처럼 엮인 인연 때문에
도움을 끊지 못하고 사는 부모님

조금이라도 힘 써주면 기사회생할까
도와주지 않으면 원망 듣지 않을까 하는 근심
알량한 희망 한 줌 섞어 보태준다

무너지고 무너져 내리는 모래 턱에서
자꾸 미끄러져 가는 명주잠자리 유충 소굴로
하염없이 빠져들어가는 삶의 질곡 진 수렁

포기하고 손든다는 것은 인생의 패배자
여기서 물러서면 더 이상 희망 없다는 생각에
한 번만 더 가 부모마저 구렁텅이 밀어 넣는다

제 5 부

내리사랑

출근길

흰 눈이 내 가슴에
근심거리 주었습니다

아내는 현관에서
오늘도 무사히
주문 외우네요

잘 다녀오란
늙으신 어머니 말씀
가슴 깊이 담았습니다

당신, 참 좋다

만나지 않았다면
알 수 없었겠지요

넓은 마음에 깃든
자비로운 마음으로
베푸는 사랑

당신과 함께라서
참 좋다

누구를 위해 짊어진 십자가인가

콕 찌르면 맑은 물방울 쏟아질 것 같은 하늘
낮게 가라앉은 내 마음과 교회 십자가 끝에 걸려 있다
님은 주일 예배 때 보는 눈이 많아 하늘에만 계시다
어두운 밤 십자가 잡고 내려와 창문 통해 들여다보며
찾아온 순한 양들만 두고 하늘로 오를 수 없어
성전에 불 꺼질 때까지 창가에서 기도소리 귀 기울이고
나의 님은 내 조국 위해 붉은 무리들과 뜨겁게 살다가
어머니가 겪은 산통보다 더한 아픔 가슴에 안겨주고
돌아올 수 없는 강을 건너 님의 곁으로 떠나간 청춘
깊은 산중 어느 이름 모를 풀밭에 누워
찾아오지 않는 차가운 땅속에서 홀로 느끼는 외로움에
지금도 그리운 고향산천 보고파 영혼으로 떠돌 텐데
그 세월 창문을 찾아왔던 님은 외로운 님의 벗이 되어
평화로운 나라 위해 손잡고 동행하며 기도하고 있겠지
빗발치는 흉탄이 물러간 양지녘에 세워준 거룩한 비목
세월의 무게 이기지 못하고 님의 기억에도 없어
흙이 눈에 들어갈 때까지도 가족 품에 돌아오지 못하니
누구를 위해 짊어진 십자가인가

* 육군사병 고 진부식 상병과
　가족 품에 돌아오지 못한
　국군 전사자 12만 2천여분의 넋을 기립니다

근심

자연도 때가 되면
씨앗 맺어 키우는데

우리네 자식들은
유전자 검색 못 하나

속 타는 이내 마음에
기다리는 사랑들

청소 2

해맑은 아침
내 마음 쓸고 닦는다

부모님 방
우리의 방
아이들 방

건강을 쓸고 닦는다
행복을 쓸고 닦는다
인생을 쓸고 닦는다

내리사랑

할머니가 구워준
달콤한 고구마 하나

아궁이서 구운 그 맛
먹어보지 않으면 알 수 없다

쇠죽 끓이며 구워주신
할머니 내리사랑

할미꽃

아지랑이 피는 노란 계절에
어린 시절 기억이 추억 열며
소나무 서 있는 산등성에 앉아 있다

보릿고개
허리춤에 매달려 넘을 적
흑백사진도 귀해
학교 들어갈 때 낼 사진과
졸업사진이 전부였던 20세기 중반

끼니마다 숟가락이 가볍게
산에 계신 님은
손주 입에 먹여주는 사랑으로
허기 채우면서도 행복해 하셨다

황토 빛 지워가는 푸르른 능선에 서서
그 시절 더듬고 있는데
꽃을 좋아하시던 님이 키워 놓았나
할미꽃 한 무더기
백발인 나보고 여전히 낯가림하고 있다

오해

무릎이 훤히 드러난 청바지
편하다며 아내가 입고 시골집 갔다

대문 밖 서성이시던 어머니
깜짝 놀라며 쌈짓돈 꺼내 주셨다

살기가 얼마나 궁핍하면
옷도 못 사 입냐는 근심걱정

나는 무릎 나간 옷 일부러 샀는데
우리 삶이 어렵다고 생각하셨구나

심장 소리

젖무덤 찾던 아기가
젖병 물고 잠들어 있다

내 어릴 적 아가는
어미 가슴에 얼굴 묻고
잠들곤 했는데

엄마 몸속 들어앉아
탯줄 통해 들어오던
4분의 3박자 심장소리
듣고 싶었던 것일까

잠자리 뒤척이며
옹알이 하는 것 보면
엄마의 따스한 가슴
그리운가 보다

아가페 사랑

세상 귀한
오직 한 사람
까꿍이 태어난 날

별똥별들이
정성어린 사랑
온 가슴 채워주네요

살짝 살피어 보니
마음 한구석 비어 있어
내 마음도 보탰습니다

* 20220524 까꿍이 탄생

동정(同情)

이가 나지 않은 어린 손주
이 빠진 할머니가 죽 먹인다

젖이 말라붙어
먹일 수 없다고
단단한 것은 먹을 수 없지만
먹고 살아야 한다고

배곯은 시절 겪은 기억이
한 숟가락 더 떠 먹이려는
할머니의 내리 손주 사랑

첫발

넘어질 듯 비틀거리는
아가의 걸음걸이

생애 처음
일어선 너의 발걸음
갸륵하기 그지없구나

네가 뗀 오늘의 첫발
아빠 엄마는
행복에 빠져 산단다

보고 싶은 손주

보고 싶다
우리 손주

기다림이 하늘만 하니
언제나 이 가슴 채우려는지

오늘도 그리워하며
핸드폰 화면 열어본다

오늘

둘째 손주가
우리 집에
행복 안고 왔습니다

초승달 글방도
덩달아 빛이 납니다
나는 행복합니다

천년 손님 1

님이 기다리던 님이
전세 낸 어미 몸 벗어나
까치 울음소리 따라 왔다

고귀한 학보다 더 고귀한
아니 반기지 않는 눈에 들어앉아
집안 대들보로 살아갈 님

가문에 떳떳하게 먹물 찍고
흐뭇하게 기쁨 안겨준 님
품에 안아보는 빛바랜 님

바라보는 내 마음도
입꼬리가 귀에 걸린 걸 보면
님 만나 안 행복할 수 없다

* 20230904 꿍꿍이 탄생

미끄럼틀

혼자서 타는 놀이기구에서
소리치며 내려오는 어린 손주
땀 흘리며 엉덩이로 미끄러진다

즐거운 놀이에 푹 빠져
위험한 것은 멀어진 지 오래
다람쥐 쳇바퀴 돌 듯 쉬지 않는다

손잡고 집에 가자 한들
미끄럼에 빠진 윤조에겐 경 읽기
강제로 끌고 갈 수도 없다

날은 저무는데
타고 또 타는 지치지 않는 체력
오늘밤 꿈나라에서도 미끄럼 타려나

천년 손님 2

안 보면 보고 싶고
만나 보면 사랑 퍼주는
하늘이 보내준 예쁜 손주

세상이 변해가도 다 주고 싶은
바뀌지 않는 손주 사랑
누가 아니라고 말할 수 있나

옥이야 금이야
안아주고 돌봐주어도
아빠 엄마만 찾는 아니 미운 사랑

그래야 한다 우리 아가
할아버지 할머니가 주는 사랑이
낳아준 부모와 비견될 수 있겠니

손자 윤오에게

고귀한 학보다
더 고귀하게 다가온
아니 반길 수 없는
이 세상 대들보로 살아갈
윤오야

너는 모두에게
기쁨 주는 천년 손님
튼튼하고 건강하게
커주길 빈다

백설기

손주가 태어난 지
100일이 되는 날
정성들여 백(百)자 넣은
순수와 신성의 흰떡

주인공은 아니 먹지만
할아버지 할머니
입꼬리 올라가는 손주 사랑
채우지 않을 수 없다

손주 1

자식 키울 때 느껴보지 못한
모든 것 해주고 싶은 내 마음
눈 빠지게 기다리는 그리움이
손에 든 핸드폰 울림 귀 기울인다

이웃사촌이 지나가며 한 말이
생각 없이 던져본 헛말 아니었나
손주는 예쁜 도둑이라 하더니
내 마음까지도 훔쳐 간 듯 하구나

손주 2

별이 반짝인다
빛을 내며 태어난 별
밝게 세상 비추겠노라
믿음 주는 별
세상에 많고 많은 별 중에
가장 빛나는 별
눈에 넣어도 아프지 않은 별
환하게 웃어주며 웃음 주는 별
내 삶이 지워지지 않는다면
소중하지 않을 수 없는 별
가슴을 뜨겁게 만드는
사랑을 주지 않을 수 없는 별
행복하게 삶을 살게 하는 별

손주 3

한때는 젊었던 적 있는
2막 인생이 거주하는 집
파뿌리 머리 셋이 산다

세상과 상견례한 손주
푹 익은 집에 온다고 하면
들어설 때까지 대문 바라본다

기다려도 오지 않다가
눈물이 눈에서 흘러내리면
웃음 안겨주는 보석들

어쩌다 오지 말고
천년손님들아
자주 왔으면 좋겠다

무릎베개

엄마가 재워주는 무릎베개는
자장가 없어도 잠이 잘 와요
꿈나라 꽃동산 새들이 노래하면
벌 나비 날아와 함께 놀아요

엄마가 재워주는 무릎베개는
자장가 없어도 잠이 잘 와요
흰 구름 타다가 하늘서 떨어지면
어른이 되려는지 키가 자라요

문학세계대표작가선 1020

오래 살아 미안하다

진영학 시집

인쇄 1판 1쇄　2024년 5월 1일
발행 1판 1쇄　2024년 5월 8일

지 은 이 : 진영학
펴 낸 이 : 김천우
펴 낸 곳 : 문학세계 출판부 / 도서출판 천우
등　　록 : 1992. 2. 15. 제1-1307호
주　　소 : 서울시 광진구 구의강변로 85 강우빌딩 7F
전　　화 : 02)2298-7661
팩　　스 : 02)2298-7665
http://cafe.naver.com/chunwu777
E-mail : cw7661@naver.com

ⓒ 진영학, 2024.

값 15,000원

＊도서출판 천우와 저자의 서면 동의 없는 무단 전재 및 복제를 금합니다.
＊저자와의 협의에 따라 인지는 생략합니다.

ISBN 978-89-7954-931-7